Hüte und Mützen sind ein Muss, um ein Outfit abzurunden. Egal ob für Frauen, Männer, Kinder oder Babys – sie sind praktisch und schick!

Selbstgenäht können sie auch einfach individualisiert und an Vorlieben und Bedürfnisse angepasst werden. Eine luftige Kopfbedeckung zum Schutz vor der Sonne, eine kuschelige Mütze für ausgelassene Winterabenteuer, eine coole Basecap für jede Jahreszeit oder einen trendigen Hut – für jeden ist das passende Accessoire dabei.

Weitere Hilfestellungen und Informationen, sowie eine große Auswahl an Stoffen gibt es auf unserer Seite https://zierstoff.com/de. Hilfreich sind auch unsere vielen Nähtutorials, die Sie auf unserem YouTube-Kanal „Mein Zierstoff“ finden.

Viel Freude beim Nähen!

In unserer TOPP Digitalen Bibliothek finden Sie nach erfolgreicher Registrierung alle Plotterdateien zu diesem Buch:
www.topp-kreativ.de/digibib
Den Freischaltcode finden Sie im Impressum.

Bucket Hat

modisches It-Piece

1 Die Decovil-Teile nach Herstellerangaben auf die linken Seiten der entsprechenden Teile aus Stoff 1 bügeln.

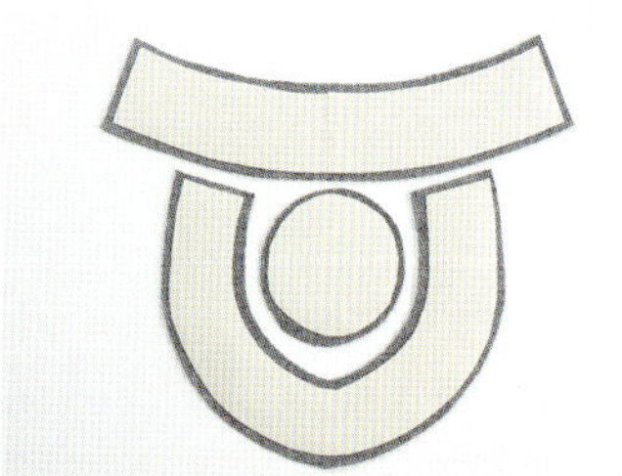

2 Danach die innere und äußere Krempe jeweils r-a-r zur Hälfte legen und an den kurzen Seiten zum Ring zusammennähen. Die NZG jeweils auseinanderbügeln, siehe auch Tipp „Bügelei" auf der hinteren Umschlagseite. Dann die beiden Krempen r-a-r bündig aufeinanderstecken und die Außenkanten zusammennähen. Die NZG zurückschneiden und die Krempe auf rechts wenden. Die beiden Lagen der Krempe an der offenen Kante links auf links aufeinanderstecken und knappkantig zusammennähen. So sind beide Teile fixiert und können nicht mehr verrutschen.

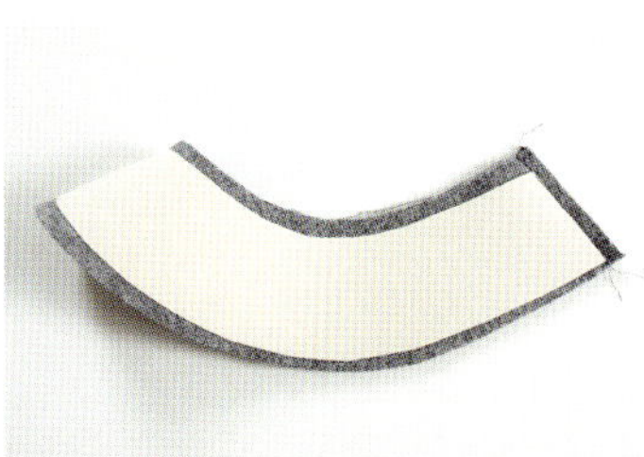

3 Beide Kronen jeweils r-a-r zum Ring schließen. Um die Weite der Krone mit Markierungen in Viertel zu unterteilen, die Krone genau an der Naht zur Hälfte legen und an der gegenüberliegenden Seite eine Markierung anbringen. Dann die Krone so falten, dass die Naht genau auf der Markierung liegt und auch hier die beiden Seiten links und rechts an der Stoffkante markieren.

4 Die Hutoberteile entsprechend durch Markierungen vierteln, wie auch auf dem Schnittteil zu sehen.

Weiter geht es auf Seite 4

GRÖSSEN
35-65

MATERIAL
- stabiler Wollstoff mit Leomuster (Stoff 1), Größe 35-44: 35 cm x 90 cm, Größe 45-56 und 57-65: 40 cm x 115 cm
- elastischer Futterstoff (Stoff 2), Größe 35-44: 35 cm x 90 cm, Größe 45-56 und 57-65: 40 cm x 120 cm
- Schabrackeneinlage Decovil 1 Light, Größe 35-44: 50 cm x 50 cm, Größe 45-56 und 57-65: 55 x 70 cm
- gestreiftes Dekoband, 3 cm breit, Länge: Kopfumfang + 3 cm

SCHNITTMUSTER-BOGEN A

ZUSCHNITT
Die Decovil-Teile jeweils ohne NZG, also rundum 1 cm kleiner, zuschneiden.

- je 1x Schnittteil „Hutoberteil“ aus Stoff 1, 2 und Decovil
- je 1x Schnittteil „Krone“ im Stoffbruch aus Stoff 1, 2 und Decovil
- je 1x Schnittteil „Äußere Krempe“ im Stoffbruch aus Stoff 1 und Decovil
- je 1x Schnittteil „Innere Krempe“ im Stoffbruch aus Stoff 2
- 1x Schnittteil „Band“ aus Stoff 2

5 Jeweils eine Krone und das passende Hutoberteil an den Markierungen r-a-r zusammenstecken und zusammennähen. Dabei je nach Stoff die NZG an der Krone leicht einschneiden, damit sich der Stoff besser in die Rundung legt. Beide Teile auf rechts wenden und ausbügeln. Dann die beiden Teile l-a-l aufeinanderstecken und die offenen Unterkanten knappkantig zusammennähen.

6 Das fertige Oberteil r-a-r an die vorbereitete Krempe stecken, die Nähte in der hinteren Mitte treffen dabei aufeinander. Evtl. auch noch die Krempe durch Markierungen vierteln, wie oben beschrieben, um die Teile besser aufeinanderstecken zu können. Dann alles ringsum zusammennähen. Falls nötig die NZG versäubern.

7 Am Band eine Längsseite 1 cm breit nach links umbügeln. Danach das Band an den Schmalseiten r-a-r zum Ring zusammennähen.

8 Das Band mit der offenen, nicht umgebügelten Kante r-a-r an die innere Krempe stecken und auf der NZG festnähen. Das Band dann nach innen bügeln und mit der Maschine oder von Hand auf der Krone feststeppen bzw. festheften.

9 Das Dekoband von außen entlang der unteren Kante der Krone aufnähen, dabei überlappen sich die Bandenden in der hinteren Mitte ein kleines Stück. Falls das Band ausfranst, das Bandende nach links einschlagen.

Mein Tipp für Sie

Leichte Stoffe Alternativ kann der Bucket Hat wie der Sommerhut auf Seite 8 gearbeitet werden. Dies ist für leichtere Stoffe empfehlenswert, die sich einfacher verstürzen lassen.

Ballonmütze

für Groß und Klein

GRÖSSEN
45-65

MATERIAL
MÜTZE MIT ANKERMOTIVEN (STEP-FOTOS)

- Musselin-Stoff in Blau mit Ankermotiven (Stoff 1), 35 cm x 140 cm
- gestreifter Jersey in Rot-Weiß (Stoff 2), 10 cm x 65 cm
- Jersey in Weiß mit kleinen Punkten (Stoff 3), 10 cm x 65 cm
- Schabrackeneinlage Decovil 1 Light, Größe 45-56: 10 x 30 cm, Größe 57-65: 15 cm x 35 cm

MÜTZE IN ROSA (MODELLBILD)

- Steppstoff in Rosa, 35 cm x 140 cm
- Schabrackeneinlage Decovil 1 Light, Größe 45-56: 10 cm x 30 cm, Größe 57-65: 15 cm x 35 cm

SCHNITTMUSTERBOGEN A

ZUSCHNITT
MÜTZE MIT ANKERMOTIVEN

- Schnittteil „Schirm" im Stoffbruch 2x aus Stoff 1 und 1x aus Decovil (den Schirm aus Decovil ohne NZG, also rundum 1 cm kleiner, zuschneiden)
- je 1x Schnittteil „Streifen" aus Stoff 2 und 3
- 6x Schnittteil „Hutteil" aus Stoff 1

MÜTZE IN ROSA
Für die Mütze in Rosa werden alle Stoffteile aus dem rosafarbenen Stoff zugeschnitten.

1 Den Decovil-Schirm auf die linke Seite eines Stoff-Schirmteils bügeln, dabei die Herstellerangaben beachten. Danach die beiden Schirmteile r-a-r zusammenlegen und an der äußeren Kante zusammennähen. Die NZG in kurzen Abständen bis dicht an die Naht einschneiden oder zurückschneiden, den Schirm auf die rechte Seite wenden, ausbügeln und die Kante füßchenbreit absteppen.

2 Die Hutteile jeweils einzeln an beiden Seitenkanten versäubern, die geraden Unterkanten müssen nicht versäubert werden. Je 2 Hutteile r-a-r zusammenlegen und eine Seitennaht schließen. Dann die 3 zusammengesetzten Hutteile r-a-r zum oberen Mützenteil zusammennähen. Die Nahtenden treffen an der oberen Mitte alle aufeinander. Anschließend alle Nähte sauber ausbügeln.

Weiter geht es auf Seite 6

3 An der offenen Kante des Schirms und an den Längskanten der Streifen jeweils die Mitte markieren. Den gestreiften Jersey (bzw. einen Streifen in Rosa) r-a-r an den Schirm stecken, sodass die Mittelmarkierungen aufeinandertreffen, und annähen.

4 Den zweiten Streifen r-a-r auf den ersten Streifen stecken, der Schirm liegt dazwischen. Die beiden Streifen zusammennähen, dabei genau noch einmal in der ersten Naht nähen. Der Schirm ist dadurch sauber eingefasst.

5 Die beiden Streifen r-a-r zum Ring legen und die kurzen Seiten zusammennähen. Die Streifen einschlagen, sodass sie l-a-l doppelt aufeinanderliegen.

6 Das obere Mützenteil r-a-r an den doppelt liegenden Streifen nähen. Dabei trifft je eine Naht des Mützenteils auf die Naht bzw. die vordere Mitte der Streifen. Alles gut feststecken und die Weite gleichmäßig verteilen, beim Nähen den Streifen dehnen und einen elastischen Stich verwenden. Falls nötig die NZG versäubern.

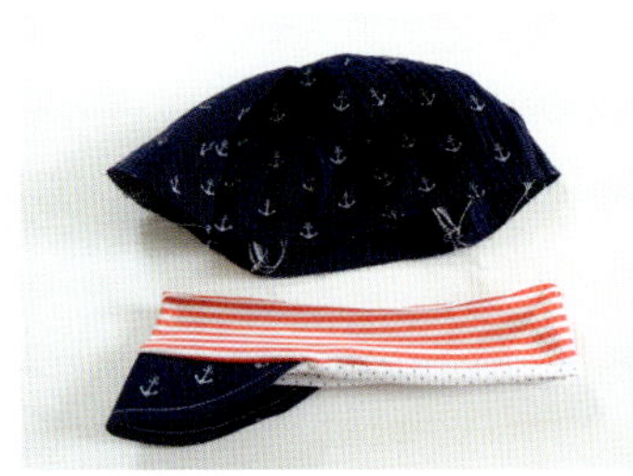

Mein Tipp für Sie

Variationen Durch die verschiedenen Schnittteile kann man prima unterschiedliche Stoffe kombinieren, so sieht die Ballonmütze immer wieder neu und anders aus.

Allwetterhut

Singin' in the Rain

GRÖSSE
53-65

MATERIAL
- Regenjackenstoff in Dunkelblau mit weißen Punkten (Stoff 1), 45 cm x 110 cm
- Jersey in Gelb (Stoff 2), 45 cm x 110 cm
- Volumenvlies H 630, 40 cm x 40 cm
- Stoffklammern

SCHNITTMUSTERBOGEN A

ZUSCHNITT
- je 1x Schnittteil „Hutoberteil" aus Stoff 1 und 2
- je 1x Schnittteil „Krone" im Stoffbruch aus Stoff 1 und 2
- je 1x Schnittteil „Krempe" im Stoffbruch aus Stoff 1 und 2 und Volumenvlies

1 Zuerst den Außenhut aus Regenjackenstoff fertigen. Dazu die Krone r-a-r zum Ring schließen.

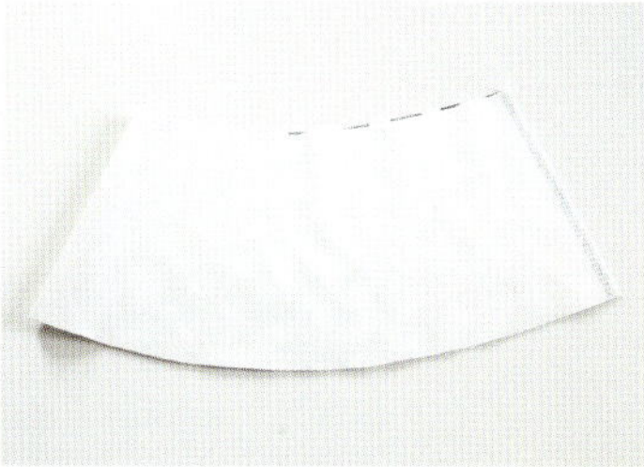

2 Die Markierungen vom Schnitt auf das Hutoberteil übertragen. Auch die Weite der Krone mit Markierungen in Viertel unterteilen: Die Krone genau an der Naht zur Hälfte legen und an der gegenüberliegenden Seite eine Markierung anbringen. Dann die Krone so falten, dass die Naht genau auf der Markierung liegt und auch hier die beiden Seiten links und rechts an der Stoffkante markieren. Krone und Oberteil an den Markierungen r-a-r- aufeinanderklammern und zusammennähen, dabei je nach Stoff die NZG der Krone leicht einschneiden, damit sie sich besser um die Rundung legt. Alles auf die rechte Seite wenden und ausbügeln.

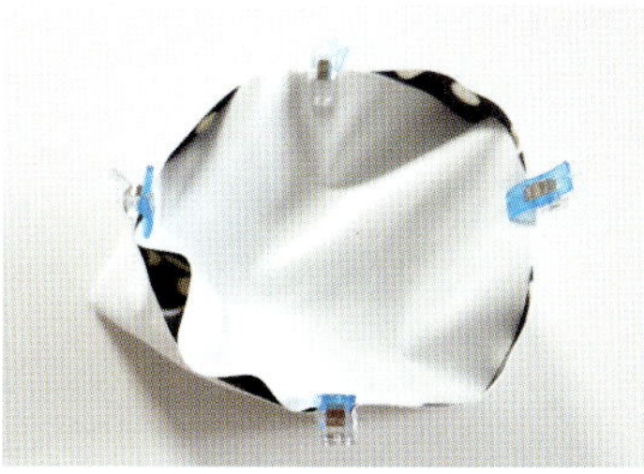

3 Die Krempe ebenfalls r-a-r an die Krone nähen, dabei wie gerade beschrieben vorgehen und beide Teile vorab in Viertel unterteilen.

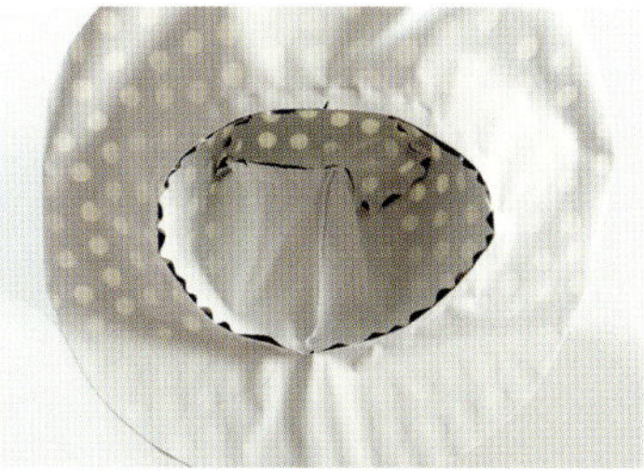

4 Die linke Seite der Jerseykrempe mit Volumenvlies bebügeln und den Innenhut genauso nähen wie den Außenhut, nur an der Naht der Krone eine 10 cm lange Wendeöffnung lassen.

5 Beide Hutteile r-a-r aufeinanderstecken und die äußeren Krempenkanten zusammennähen, evtl. die NZG in kurzen Abständen bis dicht an die Naht einschneiden oder zurückschneiden. Den Hut durch die Wendeöffnung auf rechts wenden und den Innenhut in den Außenhut stecken. Je nach Stoff die NZG der beiden Hutteile aufeinander fixieren. Danach erst die NZG an der Wendeöffnung nach innen einschlagen und die Kanten knappkantig aufeinandersteppen.

6 Die Krempe rundherum mit einem Abstand von 1,3 cm zur Kante absteppen.

Hut mit Nackenschutz

absolut abenteuertauglich

GRÖSSEN
35-56

MATERIAL
- Baumwollstoff in Rot (Stoff 1), 20 cm x 40 cm
- Baumwollstoff in Blau mit Ankermotiven (Stoff 2), Größe 35-45: 30 cm x 140 cm, Größe 46-56: 40 cm x 140 cm
- Schabrackeneinlage Decovil 1 Light, 20 cm x 20 cm
- Gummiband, 1 cm breit, 10 cm

SCHNITTMUSTER-BOGEN A

ZUSCHNITT
- Schnittteil „Schirm" 2x aus Stoff 1 und 1x aus Decovil (den Schirm aus Decovil ohne NZG, also rundum 1 cm kleiner, zuschneiden)
- 6x Schnittteil „Hutteil" aus Stoff 2
- 2x Schnittteil „Nackenschutz" im Stoffbruch aus Stoff 2

1 Die linke Seite eines Stoff-Schirmteils laut Herstellerangaben mit Decovil bebügeln. Danach die beiden Schirmteile r-a-r zusammenlegen und an der äußeren Kante zusammennähen. Die NZG in kurzen Abständen bis dicht an die Naht einschneiden oder zurückschneiden, den Schirm auf die rechte Seite wenden, ausbügeln und die Kante füßchenbreit absteppen.

2 Die Hutteile jeweils einzeln an beiden Seitenkanten versäubern, die geraden Unterkanten müssen nicht versäubert werden. Je 2 Hutteile r-a-r zusammenlegen und eine Seitennaht schließen. Dann die 3 zusammengesetzten Hutteile r-a-r zum oberen Mützenteil zusammennähen. Die Nahtenden treffen an der oberen Mitte alle aufeinander. Danach die Nähte sauber ausbügeln.

3 Die beiden Nackenschutz-Teile r-a-r zusammenlegen und die äußere Naht schließen. Die NZG in kurzen Abständen bis dicht an die Naht einschneiden oder zurückschneiden, den Nackenschutz auf die rechte Seite wenden und ausbügeln.

4 An den offenen Kanten von Schirm und Nackenschutz jeweils die Mitte markieren. Den Schirm so r-a-r an das obere Mützenteil stecken, dass die Mittelmarkierung des Schirms auf eine Naht des oberen Mützenteils trifft. Den Schirm knappkantig annähen. Den Nackenschutz entsprechend feststecken, sodass die Mittelmarkierung auf die gegenüberliegende Naht des Mützenteils trifft. Auch den Nackenschutz knappkantig annähen. Anschließend Schirm und Nackenschutz rundum mit 2 cm NZG an das Mützenteil nähen, die NZG versäubern und nach innen einbügeln.

5 Etwa 1,5 cm oberhalb der Naht und über einer Länge von insgesamt 15 cm zu beiden Seiten der hinteren Mitte die NZG absteppen, sodass ein Tunnel entsteht. Ein Gummiband mithilfe einer Sicherheitsnadel in den Tunnel einziehen und die Mütze auf die gewünschte Weite zusammenziehen.

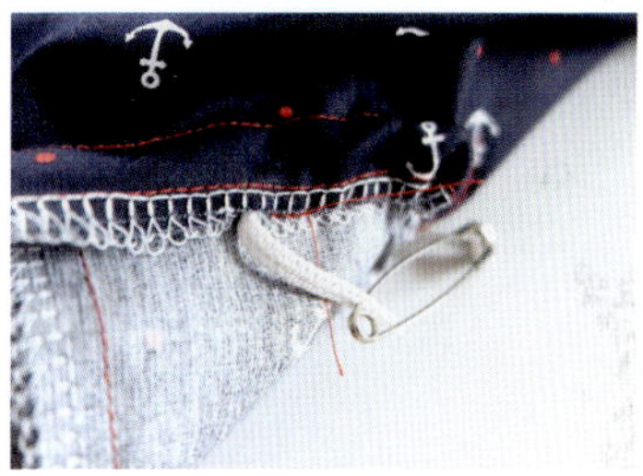

6 Das Gummiband mit je einer senkrecht verlaufenden Naht an beiden Seiten des Tunnels feststeppen und so fixieren.

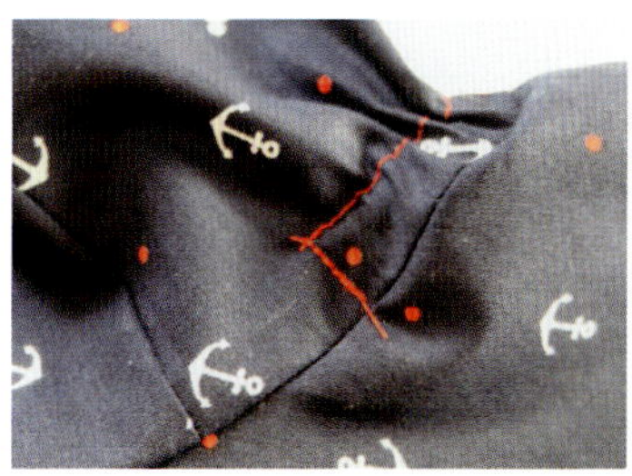

Basecap

perfekt abgeschirmt

GRÖSSEN
45-65

MATERIAL

- Baumwollstoff mit Camouflage-Muster, 25 cm x 130 cm
- Schabrackeneinlage Decovil 1 Light, 25 cm x 50 cm
- Gummiband, 3 cm breit, Länge = Kopfumfang

SCHNITTMUSTER-BOGEN A

ZUSCHNITT
Die Teile aus Einlage ohne NZG, also rundum 1 cm kleiner, zuschneiden.

- Schnittteil „Hutteil“ 6x aus Stoff und 2x aus Einlage
- je 2x Schnittteil „Schirm“ aus Stoff und Einlage

1 Auf die linken Seiten von 2 Hutteilen und der beiden Schirmteile Einlage aufbügeln, dabei die Herstellerangaben beachten. Die Hutteile jeweils einzeln an beiden Seitenkanten versäubern, die geraden Unterkanten müssen nicht versäubert werden.

2 Danach die beiden Schirmteile r-a-r zusammenlegen und an der Außenkante zusammennähen. Die NZG in kurzen Abständen bis dicht an die Naht einschneiden oder zurückschneiden. Den Schirm auf rechts wenden, ausbügeln und mit mehreren parallelen Nähten absteppen. An der offenen Seite des Schirms die Mitte markieren.

Weiter geht es auf Seite 14

3 Je 2 Hutteile r-a-r zusammenlegen und eine Seitennaht schließen, dabei werden die beiden Hutteile mit Einlage aneinandergenäht und bilden die vordere Hutmitte.

4 Die 3 zusammengesetzten Hutteile danach r-a-r zum oberen Mützenteil zusammennähen, dabei treffen die Nahtenden an der oberen Mitte alle aufeinander. Die Nähte sauber ausbügeln, siehe auch Tipp „Bügelei" auf der hinteren Umschlagseite.

5 Den Schirm r-a-r an das Mützenteil stecken, sodass die Mittelmarkierung auf die Naht zwischen den beiden Hutteilen mit Einlage trifft. Den Schirm festnähen.

6 Die benötigte Gummibandlänge am Kopf abmessen, NZG dazugeben und das Band r-a-r zum Ring zusammennähen. Das Gummiband r-a-r leicht gedehnt an den Hutsaum nähen. Die hintere Mitte des Huts trifft dabei auf die Naht des Gummibands.

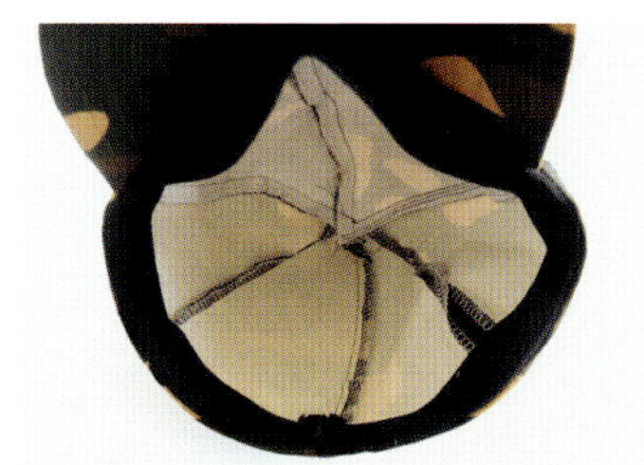

7 Das Gummiband nach innen einschlagen und auf den 4 Hutteilen ohne Einlage dicht an der oberen Bandkante entlang feststeppen.

Schiebermütze

mit Schirm und Charme

GRÖSSEN
45-65

MATERIAL
- stabiler Canvas-Stoff (Möbelstoff, Stoff 1), 40 cm x 90 cm
- leichter Baumwollstoff (Stoff 2), 40 cm x 65 cm
- Schabrackeneinlage Decovil 1 Light, 20 cm x 20 cm
- Gummiband, 2 cm breit, Länge = Kopfumfang

SCHNITTMUSTER-BOGEN A

ZUSCHNITT
- Schnittteil „Schirm" 2x aus Stoff 1 und 1x aus Einlage
- je 1x Schnittteil „Seitliches Mützenteil" im Stoffbruch aus Stoff 1 und 2
- je 1x Schnittteil „Oberes Mützenteil" im Stoffbruch aus Stoff 1 und 2

1 Zuerst die linke Seite eines Schirmteils mit Einlage bebügeln. Dazu an der Einlage die NZG an der Innenkante wegschneiden und die Einlage laut Herstelleranleitung aufbügeln. Dann die beiden Schirmteile r-a-r zusammennähen. Die NZG in kurzen Abständen bis dicht an die Naht einschneiden oder zurückschneiden, den Schirm auf rechts wenden und knappkantig absteppen. Die Mitte des Schirms an der offenen Kante mit einem Knips markieren.

2 Das obere Mützenteil r-a-r auf das seitliche Mützenteil stecken und nähen. Die im Schnitt eingezeichneten Knipse sowie die vorderen Mitten treffen dabei passgenau aufeinander.

3 Das Teil auf die rechte Seite wenden und ausbügeln, siehe auch Tipp „Bügelei" auf der hinteren Umschlagseite.

Weiter geht es auf Seite 16

4 Danach den Abnäher an der hinteren Mitte r-a-r schließen, dabei den Abnäher am Ende zum Bruch hin schön schmal auslaufen lassen, andernfalls entsteht eine unschöne Ecke.

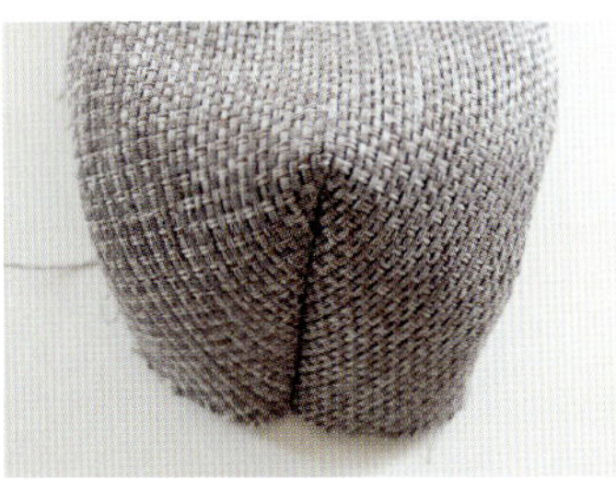

5 Die Innenmütze genauso fertigen, hier in der Naht aber eine 12 cm lange Wendeöffnung lassen.

6 Die benötigte Gummibandlänge am Kopf abmessen, NZG dazugeben und zum Ring zusammennähen. Das Band, wie auf dem Foto zu sehen, mit 1,2 cm Abstand zum Rand leicht gedehnt auf die rechte Seite der Innenmütze nähen.

7 Den Schirm mittig und r-a-r auf die vordere Mitte der Außenmütze stecken und knappkantig feststeppen.

8 Im nächsten Schritt die beiden Mützenteile bündig r-a-r aufeinanderstecken und zusammennähen.

9 Die Mütze durch die Wendeöffnung auf rechts wenden, die Innenmütze in die Außenmütze stecken und ausbügeln. Die NZG an der Wendeöffnung nach innen einschlagen und die Kanten mit der Maschine knappkantig aufeinandersteppen. Evtl. in der seitlich verlaufenden Naht die beiden Mützenteile mit der Hand punktuell aufeinander fixieren.

GRÖSSEN
45-65

MATERIAL
- gemusterter Baumwollstoff, 45 cm x 100 cm
- Volumenvlies H 630, 15 cm x 40 cm

SCHNITTMUSTERBOGEN A

ZUSCHNITT
- Schnittteil „Schirm" 2x aus Baumwollstoff und 1x aus Vlies
- Schnittteil „Tuch" 1x im Stoffbruch aus Baumwollstoff

Bandana-Hut

Kopftuch mit Add-on

1 Zuerst die linke Seite eines Schirmteils laut Herstellerangaben mit Vlies bebügeln. Danach die beiden Schirmteile r-a-r zusammenlegen und die äußeren Kanten aufeinandernähen. Die NZG in kurzen Abständen bis dicht an die Naht einschneiden oder zurückschneiden, den Schirm auf die rechte Seite wenden, ausbügeln und füßchenbreit absteppen.

2 An der offenen Kante des Schirms und an der langen, geraderen Seite des Tuchs jeweils die Mitte markieren. Den Schirm r-a-r an das Tuch stecken, sodass die Mittelmarkierungen aufeinandertreffen, und annähen.

3 Das Tuch rundherum versäubern, dabei am Schirm das Tuch mit einfassen und beide Teile zusammen versäubern. Dann die Kanten des Tuchs rundherum einbügeln, an den runden Enden dabei evtl. kleine Falten legen und die Kanten knappkantig absteppen. Das Tuch nach hinten legen und zum Knoten binden.

Mein Tipp für Sie

Variationen Alternativ die Tuchkanten mit Schrägband einfassen oder den Schirm weglassen.

Damenhut

ladylike

GRÖSSE
53-65

MATERIAL

- stabiler Bouclé-Wollstoff (Stoff 1), 85 cm x 75 cm (da das Zierband aus dem Stoff zugeschnitten wird, darauf achten, dass eine Kante die Webkante ist)
- elastischer Futterstoff, 55 cm x 65 cm
- Schabrackeneinlage Decovil 1 Light, 55 cm x 50 cm
- optional: Ripsband, 2 cm breit, Länge = Kopfumfang + 3 cm

SCHNITTMUSTER-BOGEN B

ZUSCHNITT

- 1x Schnittteil „Hutoberteil“ aus Stoff 1
- 1x Schnittteil „Krone“ im Stoffbruch aus Stoff 1
- je 1x Schnittteil „Äußere Krempe“ im Stoffbruch aus Stoff 1 und Einlage (die Einlage ohne NZG, also rundum 1 cm kleiner, zuschneiden)
- 1x Schnittteil „Innere Krempe“ im Stoffbruch aus Stoff 2
- Band aus der Webkante zuschneiden, 2 cm x 70 cm

1 Falls nötig, alle Bouclé-Teile ringsum versäubern. Die Krone r-a-r zum Ring schließen und die Weite der Krone mit Markierungen in Viertel unterteilen. Dazu die Krone genau an der Naht zur Hälfte legen und an der gegenüberliegenden Seite eine Markierung anbringen. Dann die Krone so falten, dass die Naht genau auf der Markierung liegt und auch hier die beiden Seiten links und rechts an der Stoffkante markieren.

2 Das Hutoberteil ebenfalls durch Markierungen vierteln.

3 Die Krone und das Hutoberteil mithilfe der Markierungen r-a-r zusammenstecken und zusammennähen. Dabei je nach Stoff die NZG leicht einschneiden, damit sich der Stoff besser in Form legt. Den Hut auf rechts wenden und ausbügeln, siehe auch Tipp „Bügelei“ auf der hinteren Umschlagseite.

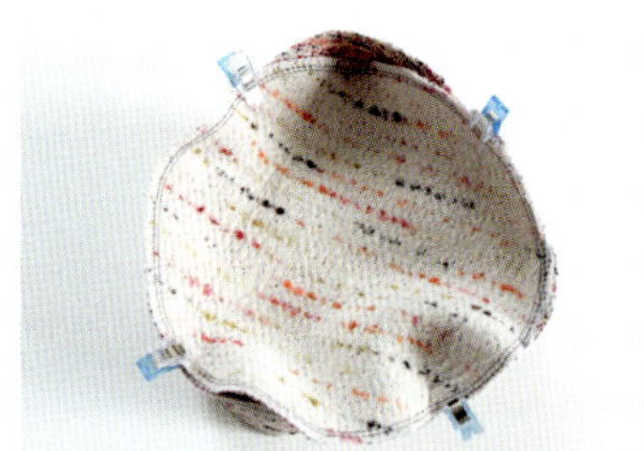

Weiter geht es auf Seite 22

4 Das Band l-a-r an die Unterkante der Krone nähen.

5 Die Einlage auf die linke Seite der äußeren Krempe bügeln, dabei die Herstellerangaben beachten. Die beiden Krempen jeweils r-a-r zum Ring schließen.

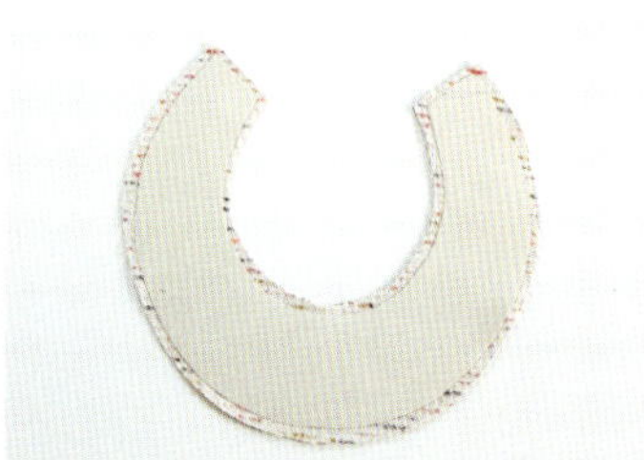

6 Dann die beiden Krempenteile r-a-r bündig aufeinanderstecken und an der Außenkante zusammennähen. Die NZG zurückschneiden, die Krempe auf die rechte Seite wenden und füßchenbreit absteppen. Die offenen Kanten der Krempe l-a-l aufeinanderstecken und knappkantig zusammennähen. So sind beide Teile fixiert und können nicht mehr verrutschen.

7 Das fertige Hutteil r-a-r an die Krempe stecken und nähen. Dazu an beiden Teilen wieder die Weite mit Markierungen in Viertel unterteilen, wie oben beschrieben, und diese Markierungen jeweils passend aufeinanderstecken.

Meine Tipps für Sie

Verarbeitung Wer mag, kann noch ein Ripsband von innen an die Nahtzugaben nähen, wie beim Herrenhut auf Seite 34 beschrieben.

Leichte Stoffe Alternativ kann der Hut auch wie der Sommerhut auf Seite 8 gearbeitet werden. Dies ist für einfachere Stoffe empfehlenswert, die sich leichter verstürzen lassen.

Kinder-Sonnenhut

mit breiter Krempe

GRÖSSE
45-56

MATERIAL
- gemusterter Baumwoll-Webstoff (Stoff 1), 40 cm x 100 cm
- Baumwollfutter (Stoff 2), 25 cm x 70 cm
- Vlieseline H 250, 25 cm x 65 cm

SCHNITTMUSTER-BOGEN B

ZUSCHNITT
- je 1x Schnittteil „Vordere Krempe" im Stoffbruch aus Stoff 1, Stoff 2 und Vlieseline
- je 1x Schnittteil „Hintere Krempe" im Stoffbruch aus Stoff 1, Stoff 2 und Vlieseline
- 6x Schnittteil „Hutteil" aus Stoff 1
- 2x Bindeband aus Stoff 2, je 4 cm x 35 cm
- optional: vorgefalztes Schrägband, Länge = Kopfumfang + 3 cm

1 Die Hutteile jeweils einzeln an beiden Seitenkanten versäubern, die geraden Unterkanten müssen nicht versäubert werden. Je 2 Hutteile r-a-r zusammenlegen und eine Seitennaht schließen.

2 Die 3 zusammengesetzten Hutteile danach r-a-r zum oberen Mützenteil zusammennähen. Die Nahtenden treffen an der oberen Mitte alle aufeinander. Danach die Nähte sauber ausbügeln, siehe auch Tipp „Bügelei" auf der hinteren Umschlagseite.

3 Auf die linken Seiten der Krempenteile aus Stoff 1 die Vlieseline-Teile aufbügeln, dabei die Herstellerangaben beachten. Dann je eine vordere und eine hintere Krempe r-a-r zusammenlegen und an den kurzen geraden Kanten jeweils zum Ring zusammennähen. Die NZG jeweils auseinanderbügeln.

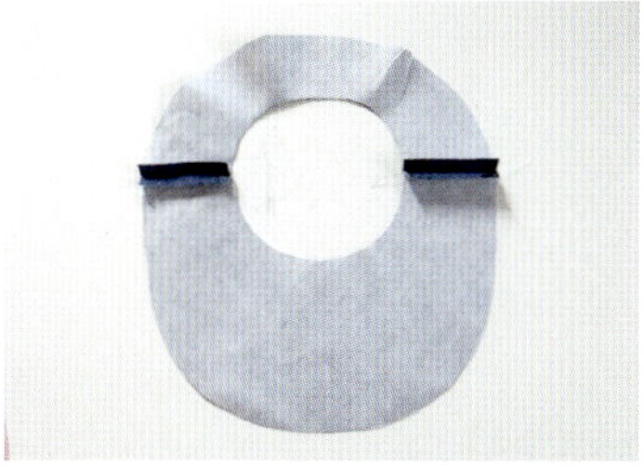

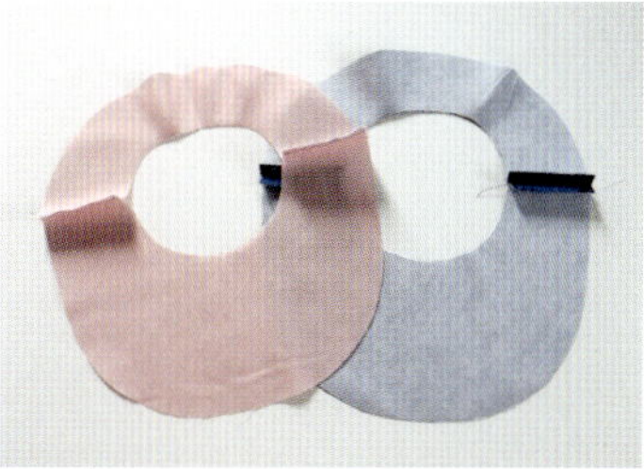

Weiter geht es auf Seite 24

4 Anschließend die beiden Krempen bündig r-a-r zusammenlegen und die äußere Naht rundum schließen. Die NZG zurückschneiden, die Krempe auf rechts wenden und ausbügeln.

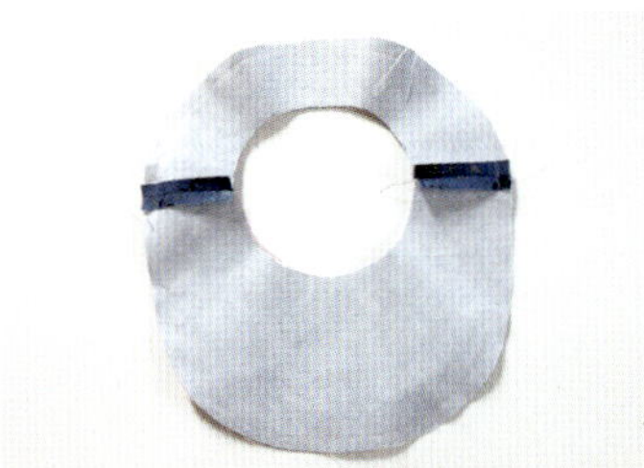

5 Die Längskanten der Bindebänder jeweils 1 cm breit nach links umbügeln. Dann die Bügelkanten jeweils aufeinanderlegen und bügeln, sodass der Stoff vierfach liegt, und die Längskante schmal absteppen.

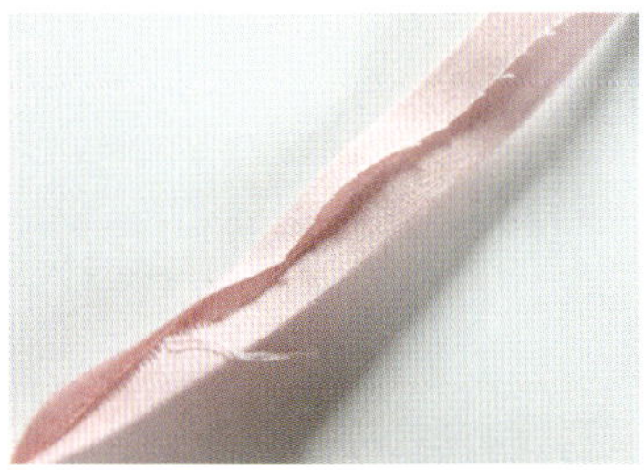

6 Die Bänder, wie auf dem Foto zu sehen, über die Nähte der Futterkrempe legen und an der inneren Krempenkante annähen.

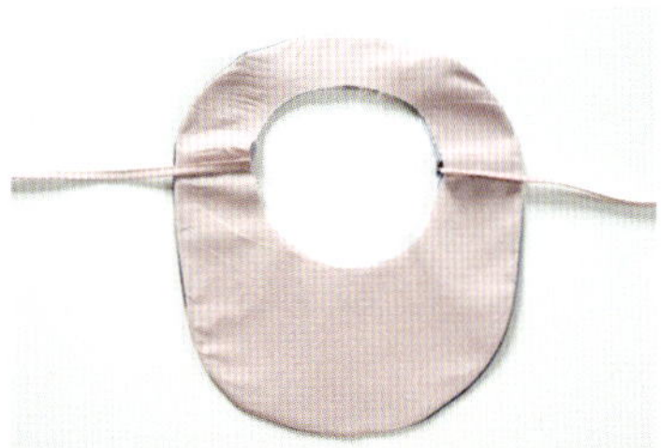

7 Das obere Mützenteil r-a-r an die Krempe stecken. Die hintere Mitte der hinteren Krempe trifft dabei auf eine Naht des Mützenteils. Die gegenüberliegende Naht des Mützenteils trifft auf die vordere Mitte der vorderen Krempe. Die beiden Teile rundum zusammennähen. Die NZG mit einem Versäuberungsstich versäubern oder mit Schrägband einfassen.

Visor

offenes Basecap

GRÖSSE
53-65

MATERIAL

- Canvas-Stoff mit Flamingomuster, 25 cm x 100 cm
- Schabrackeneinlage Decovil 1 Light, 20 cm x 30 cm
- Gummiband, 2 cm breit, 20 cm

SCHNITTMUSTERBOGEN A

ZUSCHNITT

- Schnittteil „Schirm“ 2x aus Stoff und 1x aus Einlage (den Schirm aus Einlage ohne NZG, also rundum 1 cm kleiner, zuschneiden)
- 2x Schnittteil „Stirnstreifen“ aus Stoff im Stoffbruch

1 Zuerst die linke Seite eines Schirmteils laut Herstellerangaben mit Einlage bebügeln. Danach die beiden Schirmteile r-a-r zusammenlegen und die äußeren Kanten aufeinandernähen. Die NZG in kurzen Abständen bis dicht an die Naht einschneiden oder zurückschneiden, den Schirm auf die rechte Seite wenden, ausbügeln und füßchenbreit absteppen. An der offenen Kante des Schirms die Mitte markieren.

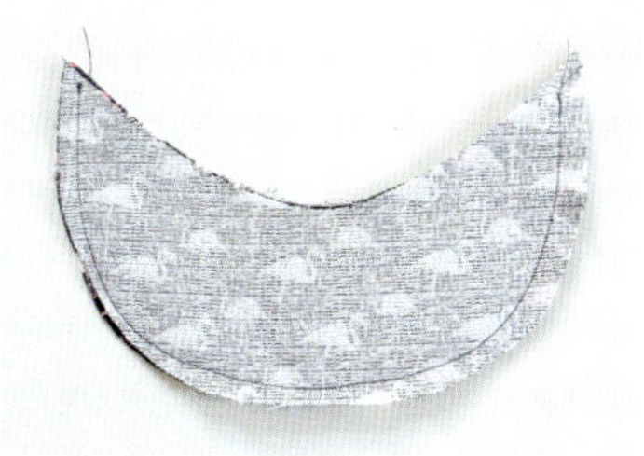

2 An den Stirnstreifen die geraden Längskanten jeweils 1 cm breit nach links umbügeln und an den abgerundeten Längskanten die Mitte markieren.

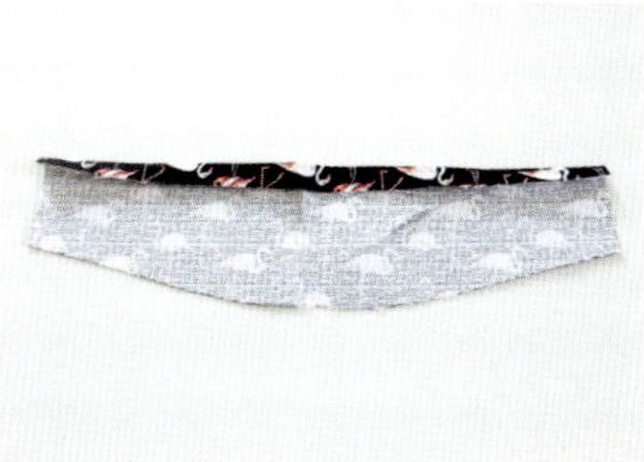

3 Einen Streifen mit der abgerundeten Seite r-a-r an den Schirm stecken, sodass die Mittelmarkierungen aufeinandertreffen. Den Schirm annähen.

4 Den anderen Streifen r-a-r auf den 1. Streifen legen (der Schirm liegt dazwischen) und noch einmal durch die bereits bestehende Naht nähen. Der Schirm ist damit zwischen beiden Streifenteilen sauber eingefasst.

5 Ein Gummibandende, wie auf dem Foto zu sehen, an einer Schmalseite auf die rechte Stoffseite eines Streifens stecken, dabei das Gummiband mittig zwischen der Bügelkante und der unteren Naht platzieren, und annähen.

6 Die beiden Streifen an der Schmalseite r-a-r zusammenlegen und absteppen. Dabei, wie abgebildet, die eingeschlagenen NZG der geraden Seiten eingeschlagen lassen.

7 Die Ecke wenden und den Visor anziehen, um die Weite des Gummibands festzulegen. NZG dazugeben und auf der anderen Seite das 2. Gummibandende wie gerade beschrieben festnähen und die Streifen zusammennähen. Dabei darauf achten, dass sich das Gummiband nicht verdreht.

8 Die eingebügelten Kanten der beiden Streifen knappkantig aufeinandernähen.

Baskenmütze

Vive la France

GRÖSSEN
45-65

MATERIAL
- weich fallender, stabiler Wollstoff in Grau, 50 cm x 95 cm
- gestreiftes Gummiband, 4 cm breit, Länge = Kopfumfang
- Fellbommel in Pink

SCHNITTMUSTERBOGEN B

ZUSCHNITT
- 1x Schnittteil „Hut" im Stoffbruch

1 Falls nötig, das Hutteil rundum versäubern. Die 1. Hutspitze r-a-r auf die angrenzende Hutspitze legen und den 1. Abnäher schließen. Dabei am Abnäherende die Naht zum Bruch hin schmal auslaufen lassen. Die anderen Abnäher entsprechend schließen.

2 Die Abnäher sollen am Ende alle auf einer Höhe enden bzw. den gleichen Abstand zum Saum haben. Zum Schluss den letzten Abnäher zusammen mit der Seitennaht r-a-r schließen.

3 Die benötigte Gummibandlänge am Kopf abmessen, NZG dazugeben und das Gummiband r-a-r zum Ring zusammennähen.

4 Das Gummiband leicht gedehnt r-a-r an den Hutsaum nähen. Die Naht in der hinteren Mitte des Huts trifft dabei auf die Naht des Gummibands. Evtl. die Weite des Hutsaums und des Gummibands mit Stecknadelmarkierungen in Viertel unterteilen und jeweils die Markierungen genau aufeinanderstecken.

5 Das Gummiband nach innen einschlagen und an den NZG der Abnäherenden von Hand fixieren.

6 Die Bommel an der Hutspitze fixieren.

Mein Tipp für Sie

Variationen Alternativ statt der Bommel eine Brosche anheften oder eine Bommel selber herstellen, siehe Grundanleitung Seite 46.

Sonnenhut

mit Bindeband

GRÖSSE
45-56

MATERIAL
- Baumwollstoff in Rot mit Punkten (Stoff 1), 25 cm x 30 cm
- Baumwollstoff in Blau (Stoff 2), 15 cm x 110 cm
- Baumwollstoff mit rot-blauem Muster (Stoff 3), 20 cm x 100 cm
- Volumenvlies H 630, 15 cm x 25 cm

SCHNITTMUSTERBOGEN B

ZUSCHNITT
- Schnittteil „Schirm“ 2x aus Stoff 1 und 1x aus Volumenvlies
- 2x Schnittteil „Bindeband“ im Stoffbruch aus Stoff 2
- 2x Schnittteil „Seitliches Hutteil“ aus Stoff 3
- 1x Schnittteil „Mittlerer Hutstreifen“ aus Stoff 3

1 Zuerst die linke Seite eines Schirmteils laut Herstellerangaben mit Volumenvlies bebügeln. Danach die beiden Schirmteile r-a-r zusammenlegen und die vorderen Kanten aufeinandernähen. Die NZG in kurzen Abständen bis dicht an die Naht einschneiden oder zurückschneiden, den Schirm auf die rechte Seite wenden, ausbügeln und füßchenbreit absteppen.

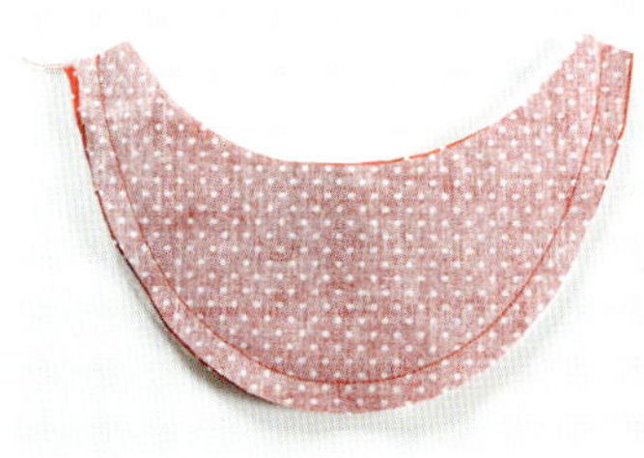

2 Die vordere Mitte an den Bindebändern und dem Schirm markieren, auch die anderen Markierungen übertragen. Den Schirm mithilfe der Markierungen mit den offenen Kanten an die Bindebänder stecken, dabei liegen die Bänder r-a-r und der Schirm dazwischen, die Mittelmarkierungen an Bändern und Schirm treffen dabei aufeinander. Die Bindebänder entlang der ganzen Kante zusammenstecken und aufeinandernähen, dabei wird der Schirm mitgefasst.

3 Die kurzen Enden der Bänder jeweils an der hinteren kurzen Seite r-a-r zusammennähen. Das Teil sauber ausbügeln.

Weiter geht es auf Seite 32

4 Die seitlichen Hutteile und den Mittelstreifen jeweils rundum versäubern. Dann die seitlichen Hutteile r-a-r an den mittleren Hutstreifen nähen, dabei wird jeweils die runde Seite des Hutteils an das gerade Seitenstück des Streifens genäht. Die NZG versäubern, in den mittleren Hutstreifen bügeln und die Nähte absteppen. Das Teil sauber ausbügeln.

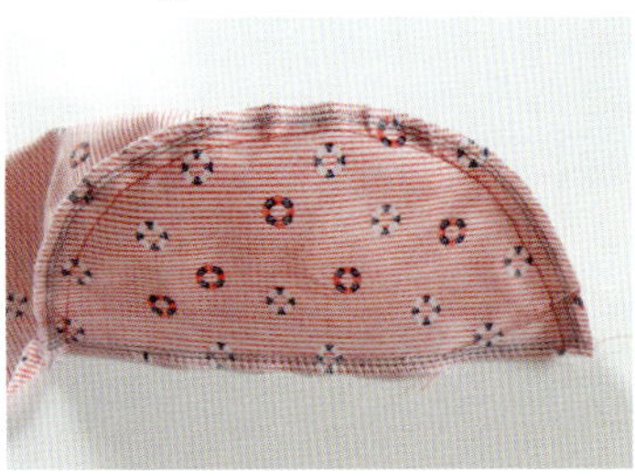

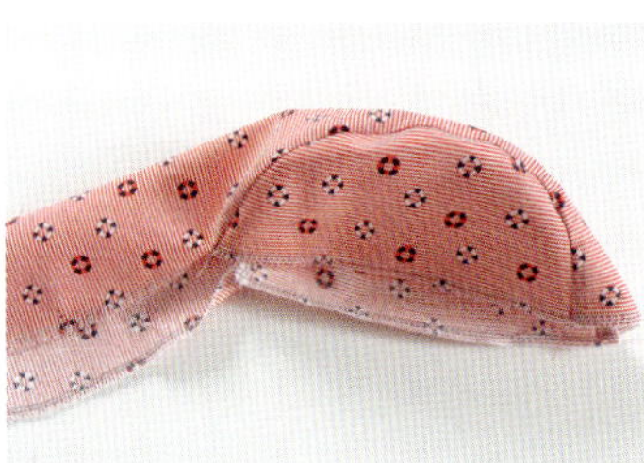

5 Im nächsten Schritt die beiden vorbereiteten Teile zusammennähen, dabei die seitlichen Hutteile vom hinteren Ende bis zur anderen Seite an das Bindeband nähen. Die NZG des Bindebands an den Enden der seitlichen Hutteile jeweils bis dicht an die Naht einschneiden, die NZG an Hutteilen und Schirm nach innen einbügeln und versäubern. Die NZG an den offenen Kanten des Bindebands 1 cm breit nach links umbügeln und die Kanten von außen knappkantig aufeinandersteppen.

6 Die noch offene Kante am Mittelstreifen 1 cm breit nach links umbügeln und absteppen.

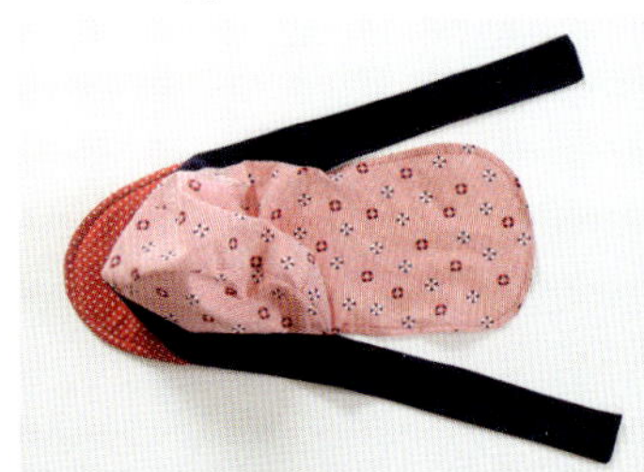

7 Das Band wird beim Tragen des Huts hinten zur Schleife gebunden.

Herrenhut

für echte Kerle

GRÖSSE
53-65

MATERIAL

- stabiler Canvas-Stoff (Möbelstoff, Stoff 1), mit Einlage verstärkt, 35 cm x 130 cm
- leichter Baumwollstoff (Stoff 2), 25 cm x 105 cm
- gestreiftes Ripsband, 3 bis 4 cm breit, Länge = Kopfumfang + 3 cm

SCHNITTMUSTER-BOGEN A

ZUSCHNITT

- 1x Schnittteil „Hutoberteil" aus Stoff 1
- 1x Schnittteil „Krone" im Stoffbruch aus Stoff 1
- je 1x Schnittteil „Vordere Krempe" im Stoffbruch aus Stoff 1 und 2
- je 1x Schnittteil „Hintere Krempe" im Stoffbruch aus Stoff 1 und 2
- 1x Schnittteil „Band" im Stoffbruch aus Stoff 2

1 Zuerst die Krone r-a-r zum Ring schließen. Danach die Krone r-a-r an den Markierungen an das Hutoberteil stecken und annähen. Je nach Festigkeit des Stoffs die gerade Seite der Krone innerhalb der NZG einschneiden, damit sich der Stoff besser um die Rundung legt. Alles auf die rechte Seite wenden und ausbügeln. Siehe auch Tipp „Bügelei" auf der hinteren Umschlagseite.

2 Jeweils die beiden Krempenteile aus Stoff 1 und Stoff 2 an den Schmalseiten r-a-r zum Ring zusammennähen. Die beiden Krempen bündig r-a-r aufeinanderstecken und an der äußeren Kante rundherum zusammennähen. Die NZG zurückschneiden, die Krempe auf rechts wenden und die Außenkante rundherum füßchenbreit absteppen. Die beiden Lagen an den offenen Kanten l-a-l aufeinanderstecken und rundherum knappkantig zusammennähen. So sind beide Teile fixiert und können nicht mehr verrutschen.

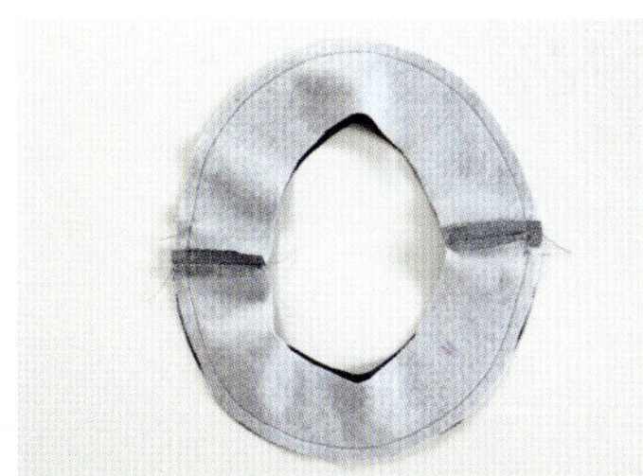

Weiter geht es auf Seite 34

3 Die Oberkante des Bands 1 cm breit nach links umbügeln, die eingebügelte Kante wieder aufklappen und das Band an den Schmalseiten r-a-r zum Ring zusammennähen.

4 Das Band mit der ungebügelten Kante bündig l-a-r an die Unterkante des oberen Hutteils stecken und an beiden Seiten knappkantig absteppen.

5 Das fertige Hutteil r-a-r an die Krempe nähen, dabei treffen die Nähte der Krempe auf die im Schnitt eingezeichneten Markierungen der Krone.

6 Das Ripsband, wie auf dem Foto zu sehen, an die NZG der Innenkrempe stecken, sodass das Band dicht neben der Naht liegt, die Bandenden liegen in der hinteren Mitte und überlappen sich etwas. Dann das Band knappkantig annähen.

7 Das Ripsband nach innen einschlagen und optional mit der Hand in der hinteren Mitte an die NZG der Krone nähen.

Mein Tipp für Sie

Stand Falls der Stoff nicht mit einer Einlage verstärkt ist oder mehr Stand benötigt, einfach eine Einlage zuschneiden und auf Krempe und Krone bügeln.

Trapperhut

nicht nur für den wilden Westen

GRÖSSE
51-65

MATERIAL
- Softshell mit Dinomuster (Stoff 1), 30 cm x 140 cm
- Fellplüsch (Stoff 2), 20 cm x 80 cm
- Steppfutter (Stoff 3), 25 cm x 80 cm
- Gummikordel, ø 2 mm, 20 cm
- 4 Knöpfe, ø 2 cm

SCHNITTMUSTER-BOGEN B

ZUSCHNITT
- je 4x Schnittteil „Außenteil" aus Stoff 1 und 3, je 2x gegengleich
- je 2x Schnittteil „Mittelstreifen" aus Stoff 1 und 3
- je 1x Schnittteil „Schirm" aus Stoff 1, 2 und 3
- je 1x Schnittteil „Nackenschutz" im Stoffbruch aus Stoff 1 und 2
- je 2x Schnittteil „Ohrlasche" aus Stoff 1 und 2

1 Die Schirmteile aus Softshell und Plüsch r-a-r aufeinanderlegen und zusammennähen. Den Steppfutter-Schirm auf eine der beiden linken Stoffseiten legen und noch einmal durch die bereits bestehende Naht nähen. Die NZG zurückschneiden und den Schirm auf rechts wenden. Das Steppfutter liegt jetzt zwischen den beiden Stofflagen.

2 Je 2 Außenteile aus Softshell an der geraden Kante r-a-r zusammennähen. Die beiden Mittelstreifen aus Softshell ebenfalls an einer Längskante r-a-r zusammennähen.

3 Die zusammengesetzen Außenteile jeweils mit der runden Kante r-a-r an die Längskanten der zusammengesetzten Mittelstreifen nähen. Optional die Längskanten des Streifens innerhalb der NZG etwas einschneiden, damit sich das Teil besser in Form legt.

Weiter geht es auf Seite 38

4 Die Steppfutterteile genauso zusammennähen wie das Außenteil, hier aber in der Mitte zwischen den Streifen eine 10 cm lange Wendeöffnung lassen.

5 Die Nackenschutz-Teile r-a-r an der unteren Seite zusammennähen, die gerade Oberkante bleibt offen. Die NZG an den Rundungen einschneiden oder etwas zurückschneiden und den Nackenschutz auf die rechte Seite wenden.

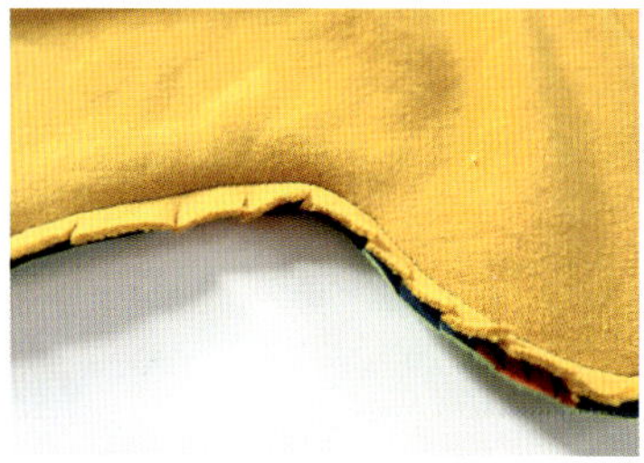

6 Das Gummiband teilen und die Stücke jeweils zur Schlaufe legen, dabei die richtige Schlaufengröße mithilfe des Knopfs bestimmen. Die Schlaufen jeweils mittig auf die rechte Seite einer Ohrlasche aus Softshell steppen.

7 Je eine Ohrlasche aus Softshell und eine aus Plüsch r-a-r an der runden Kante zusammennähen. Die NZG zurückschneiden und die Ohrlaschen auf rechts wenden.

8 Die Ohrlaschen r-a-r knappkantig an die Außenteile nähen, dabei die Ohrlaschen jeweils mittig über der Naht zwischen den beiden Außenteilen platzieren.

9 Am Schirm die Mitte markieren, dann den Schirm r-a-r an die Mütze stecken, sodass die Mittelmarkierung auf die Naht zwischen den Mittelstreifen trifft. Den Schirm knappkantig an die Außenmütze nähen. Schirm und

Ohrlaschen, wie auf dem Foto zu sehen, nach oben klappen.

10 Im nächsten Schritt den Nackenschutz r-a-r auf die Außenmütze nähen. Dabei trifft die Mitte des Nackenschutzes auf die hintere Mitte der Mütze. Die Außenmütze ist nun fertig.

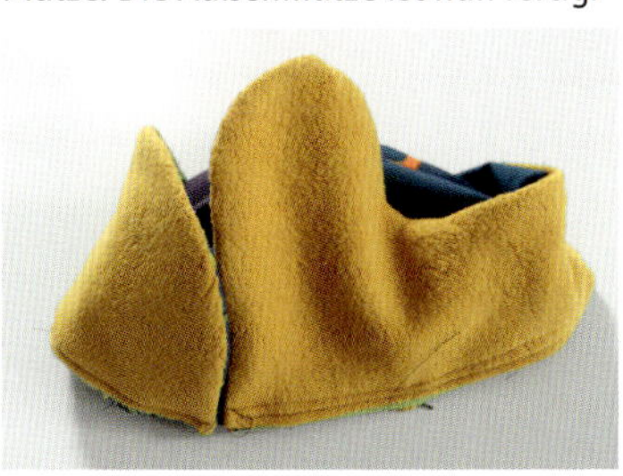

11 Ohrlaschen und Nackenschutz wieder nach oben schlagen und die Steppfuttermütze r-a-r über die Außenmütze stülpen. Die beiden Mützenteile unten am Saum rundherum zusammennähen.

12 Die Mütze durch die Wendeöffnung auf rechts wenden, die NZG an der Wendeöffnung nach innen einschlagen und die Kanten mit der Maschine knappkantig aufeinandersteppen. Die Innenmütze in die Außenmütze stecken.

13 Die Ohrlaschen nach oben und unten klappen, dabei jeweils die richtige Knopfposition am Schlaufenende markieren und die Knöpfe annähen, sodass die Ohrlaschen nach oben oder nach unten getragen werden können.

Pixie Hat

Zwergen-Alarm

GRÖSSE
35-44

MATERIAL
- Jersey mit Elefanten (Stoff 1), 35 cm x 70 cm
- Jersey mit Punkten (Stoff 2), 45 cm x 70 cm

SCHNITT-MUSTER-BOGEN B

ZUSCHNITT
- je 2x Schnittteil „Mütze“ aus Stoff 1 und 2
- 2x Schnittteil „Bindeband“ aus Stoff 2

1 Zuerst je 2 Mützenteile r-a-r zusammenlegen und die obere und hintere Naht schließen. Dabei an der Innenmütze aus dem Punktestoff an der hinteren Naht eine 7 cm lange Öffnung zum Wenden lassen. Die Mützenteile auf die rechte Seite wenden und ausbügeln.

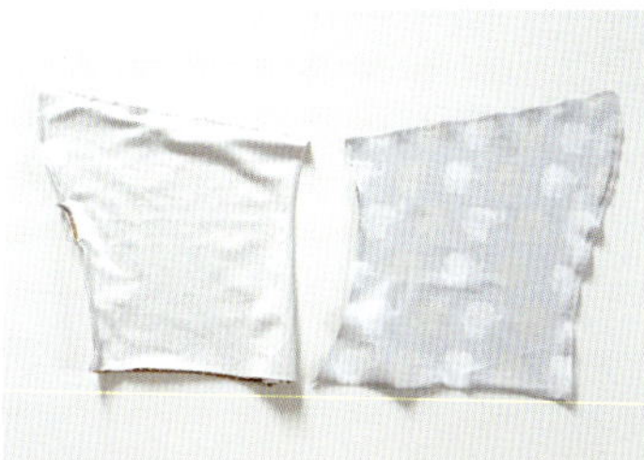

2 Das Bindeband r-a-r zur Hälfte falten, sodass die Längskanten aufeinanderliegen, und zusammennähen, dann auf rechts wenden und sauber ausbügeln.

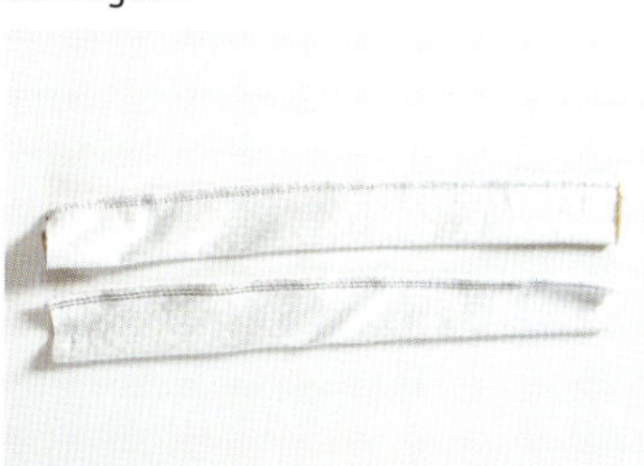

3 Danach an jedem Bindeband eine kurze Seite 1 cm breit nach innen einschlagen und schmal absteppen.

4 Innen- und Außenmütze an den Vorderkanten r-a-r zusammenlegen und diese Kanten zusammennähen. Danach die Mützenteile auseinanderziehen, sodass die rechten Seiten außen liegen.

5 Die beiden Bindebänder jeweils mit der offenen Seite, wie auf dem Foto zu sehen, dicht neben der Vorderkante an die Mützenunterkante stecken und knappkantig annähen. Ob das Bindeband an die Außen- oder die Innenmütze genäht wird, ist hierbei egal.

6 Die beiden Bindebänder nach oben auf die Mütze legen, dann die Innen- und Außenmütze an der Unterkante r-a-r zusammenstecken und anschließend zusammennähen.

7 Die Mütze durch die Wendeöffnung auf die rechte Seite wenden und sauber ausbügeln.

8 Die vordere Kante der Mütze mit einem elastischen Stich absteppen.

Winter-Kuschelhut

rundum warm

1 Die beiden Schirmteile r-a-r zusammenlegen und an der Außenkante zusammennähen. Die NZG zurückschneiden, den Schirm auf die rechte Seite wenden und ausbügeln.

2 An der Außenmütze aus Wolle jeweils die Seiten r-a-r zusammenlegen und die Nähte schließen, dabei die Naht am Ende zum Bruch hin schmal auslaufen lassen. Je schöner die Rundung am Bruch ausläuft, desto schöner fällt nachher die Mütze.

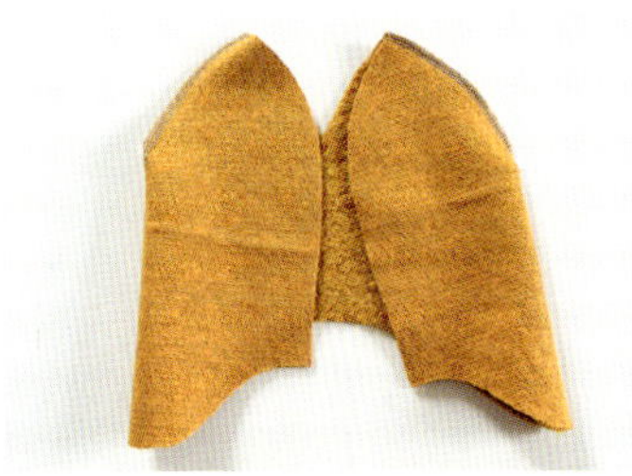

3 Danach das Mützenteil r-a-r zur Hälfte falten und die mittlere Naht schließen. Auch hier die Naht zum Bruch schmal auslaufen lassen. Die Innenmütze aus Jersey genauso fertigen und dabei in der hinteren Mitte eine 10 cm lange Öffnung zum Wenden lassen.

4 Am Schirm und den Mützenteilen jeweils die vordere Mitte markieren. Den Schirm r-a-r an die Wollmütze stecken, sodass die Mittelmarkierungen aufeinanderliegen, und den Schirm knappkantig annähen.

5 Die beiden Mützenteile bündig r-a-r aufeinanderstecken und an der Unterkante rundherum zusammennähen.

6 Die Mütze durch die Öffnung auf die rechte Seite wenden und ausbügeln.

7 Eine Bommel laut Grundanleitung auf Seite 46 fertigen und mit der Hand an die Mützenspitze nähen.

GRÖSSEN
35-56

MATERIAL

- Wollstoff in Hellbraun (Stoff 1), Größe 35-45: 30 cm x 65 cm, Größe 45-57: 35 cm x 80 cm
- gemusterter Jersey (Stoff 2), Größe 35-45: 30 cm x 65 cm, Größe 45-57: 35 cm x 80 cm
- Wolle für die Bommel

SCHNITTMUSTERBOGEN B

ZUSCHNITT

- je 1x Schnittteil „Mütze" im Stoffbruch aus Stoff 1 und 2
- je 1x Schnittteil „Schirm" aus Stoff 1 und 2

Dekorative Elemente

Auf den folgenden Seiten finden Sie viele Anregungen und Ideen, wie Sie Ihre Mützen mit individuellen Details ganz nach Ihrem Geschmack verzieren können.

Applikationen

MATERIAL
- Stoffreste
- Applizierfolie
- farblich passendes Nähgarn

Hinweis: Mit Applikationen können Sie ganz einfach und auf kreative Weise jede Mütze aufhübschen. Dabei sind Ihren Ideen keine Grenzen gesetzt. Applikationen eignen sich wunderbar, um Stoffreste zu verarbeiten.

1 Ein Stück Applizierfolie in der passenden Größe zuschneiden und mit der gekörnten Seite auf die linke Stoffseite aufbügeln.

2 Das Motiv spiegelverkehrt auf die Applizierfolie aufmalen und ausschneiden. Anschließend die Trägerfolie lösen, sodass nun die linke Stoffseite mit einer Klebefläche versehen ist.

3 Das Motiv auf die rechte Stoffseite der Mütze legen, aufbügeln und mit eng eingestellten Zickzackstichen umnähen. Die Applikation kann auch entlang der Konturen mit einem Geradstich aufgenäht werden, dadurch rollen sich die Stoffkanten nach dem Waschen leicht hoch.

4 Hier wurde der Stern mit einigen Steppnähten aufgenäht, die nicht der Außenkontur folgen und ihn zusätzlich verzieren.

Steppungen

Steppen Sie Ihre Mütze mit einem farbigen Kontrastgarn einfach oder doppelt ab. Ob am Schirm oder an anderen Elementen, so können Sie jede Mütze kreativ und einfach abwandeln.

Labels

MATERIAL

- Stoffreste oder fertig gekaufte Labels
- farblich passendes Nähgarn

Hinweis: **Labels eignen sich besonders, um Mützen das gewisse lässige Etwas zu geben. Oder signieren Sie Ihr Werk mit einem selbst gestalteten Etikett. Viele Stickereibetriebe stellen Labels nach Ihren Wünschen professionell her.**

1 Für ein selbst hergestelltes Label ein passendes Motiv mit der Nähmaschine sticken, auf Wunsch noch Text hinzufügen.

2 Mit etwas NZG ausschneiden und die Stoffkanten rundum einschlagen. Von Hand oder mit der Maschine annähen.

Mein Tipp für Sie

Aus dem Nähladen Ein fertig gekauftes Etikett bei Bedarf ebenfalls an den offenen Kanten einschlagen und annähen.

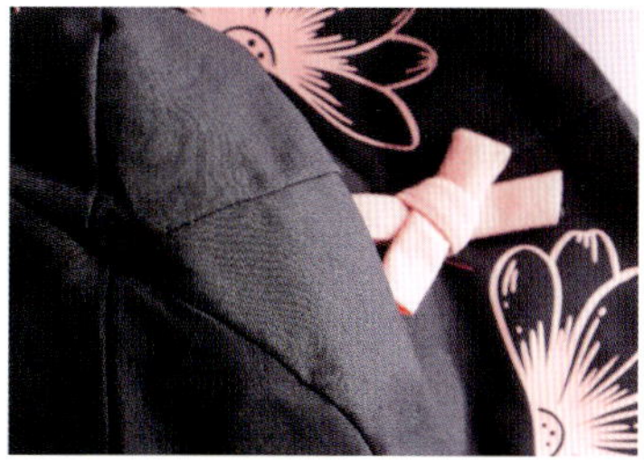

Schleifen

MATERIAL

- Stoffreste aus Jersey
- farblich passendes Nähgarn

Hinweis: **Schleifen lassen sich ganz einfach selbst herstellen.**

1 Bedruckten oder durchgefärbten Jersey in Fadenlaufrichtung zu einem langen Streifen schneiden. Den Streifen in Längsrichtung r-a-r hälftig zusammenlegen und knappkantig absteppen.

2 Mithilfe einer Sicherheitsnadel den Streifen auf rechts wenden.

3 Aus dem Streifen eine Schleife binden und die Schleife von Hand aufnähen.

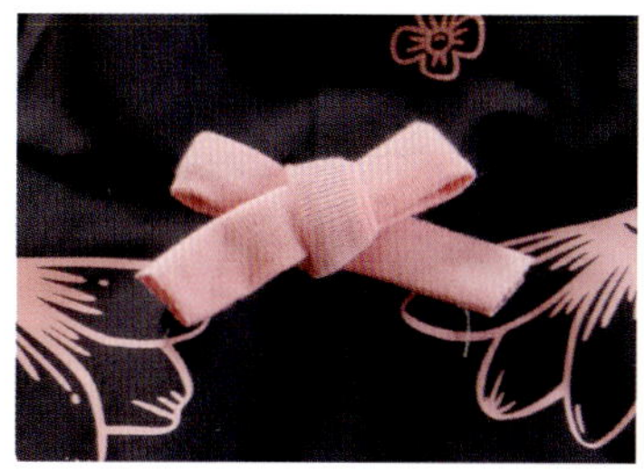

Bommeln (Pompons)

MATERIAL

- Wollreste
- farblich passendes Nähgarn

Pompons sind ideal, um Wollreste zu verarbeiten. Man kann sie mithilfe von ausgeschnittenen Pappkreisen herstellen oder einen gekauften Pompon-Maker verwenden, das Ergebnis ist gleich. Hier wird die Anfertigung mit einem Pompon-Maker gezeigt.

1 Auf jeder Seite des Pompon-Makers das lilafarbene Bügelpaar herausklappen und mit Wollgarn umwickeln. Je mehr Garn aufgewickelt wird, desto größer und voluminöser wird die Bommel. Beide Seiten gleich dick umwickeln, dann einklappen.

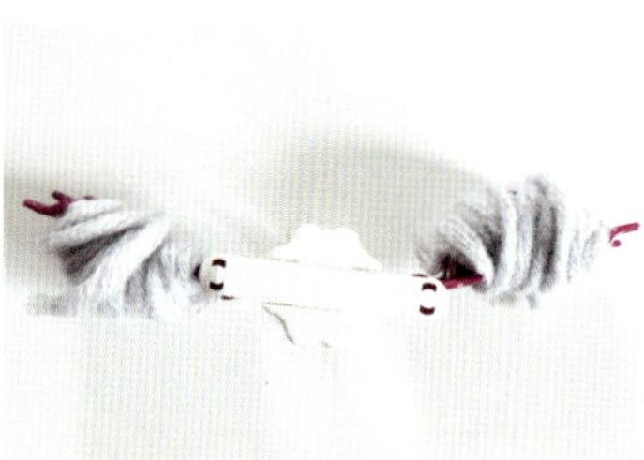

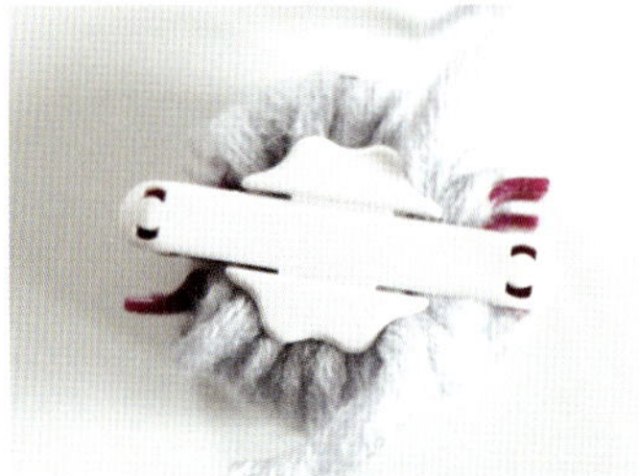

2 Rundherum jeweils zwischen den Bügeln das aufgewickelte Garn aufschneiden. Ein längeres Stück Wollfaden zweimal zwischen den Bügeln um die aufgeschnittenen Wollfäden wickeln und fest zusammenziehen, um die kurzen Garnstücke zu fixieren. Den Faden mehrmals verknoten.

3 Die beiden Bügelpaare wieder nach außen klappen und die mittlere Steckverbindung lösen, um den fertigen Pompon zu entnehmen. Den Pompon in Form zupfen und wenn notwendig überstehende Wollfäden abschneiden. Von Hand annähen.

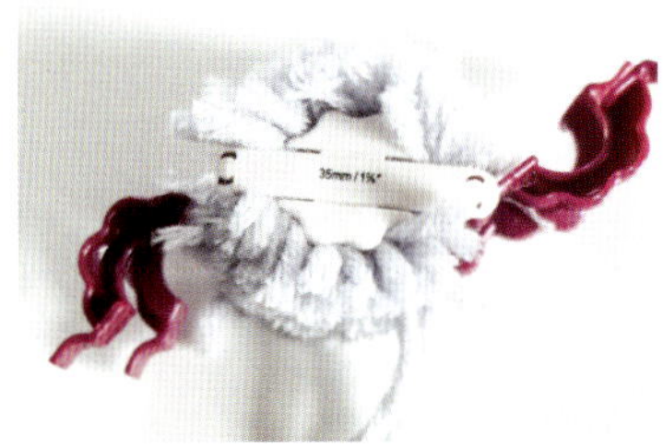

Variante

Dasselbe Herstellungsprinzip funktioniert auch mit dünnen Jerseystreifen.

Streifenbüschel

MATERIAL

- Stoffreste aus Jersey oder Fleece
- farblich passendes Nähgarn

Selbst hergestellte schmale Streifen aus einem oder mehreren Stoffen sehen ebenfalls sehr dekorativ aus. Länge und Breite der Streifen sind nicht vorgegeben, sie können je nach Geschmack zugeschnitten werden.

1 Die schmalen Streifen am besten mit Cutter und Lineal zuschneiden. Dicht nebeneinander legen und das Bündel mit einem weiteren Stoffstreifen verknoten.

2 Das verknotete Bündel von Hand an die Mütze nähen.

Plottermotive

Speziell für dieses Buch haben wir Motive zum Plotten auf Textilfolie entworfen. Sie finden diese zum Download in der TOPP Digitalen Bibliothek, siehe Seite 48.

1 Das Motiv wird mithilfe eines Hobbyplotters spiegelverkehrt ausgedruckt, d. h., es wird aus einer Folie spiegelverkehrt ausgeschnitten. Anschließend müssen alle Teile, die nicht zum Motiv gehören, entfernt werden.

2 Mithilfe eines Bügeleisens oder einer Transferpresse wird das Motiv nur punktuell auf die Mütze aufgebügelt.

3 Anschließend ist es wichtig, dass das Motiv erkaltet bzw. der Kleber seine Festigkeit erreicht. Erst dann sollte die Trägerfolie abgezogen werden.

Hinweis: Bitte die Herstelleranleitung des Folienherstellers beachten.

Ilka Meis, gelernte bekleidungstechnische Assistentin, Industrieschneiderin und Betriebswirtin, arbeitete jahrelang in der Bekleidungsindustrie im Vertrieb und Marketing. Nach der Geburt ihrer Tochter gründete sie das Label Zierstoff. Ihr Credo lautet: „Jeder kann Nähen lernen".
Nach und nach erweiterte sich das Team um Ela, gelernte Damenschneiderin und Schnittdirektrice. Silvia ist die gute Seele im Team und stieß dazu, als die ersten Stoffe verkauft wurden. Steffi unterstützt Silvia beim Stoffversand. Alle im Team sind nähverrückt und verbringen sehr viel Zeit mit dem Testnähen der Schnitte und dem Erstellen der E-Books. Dadurch ist gewährleistet, dass alle Schnitte von unterschiedlichen Personen genäht und bewertet wurden, bevor sie zum Verkauf auf www.zierstoff.de angeboten werden.

TOPP – Unsere Servicegarantie

WIR SIND FÜR SIE DA! Bei Fragen zu unserem umfangreichen Programm oder Anregungen freuen wir uns über Ihren Anruf oder Ihre Post. Loben Sie uns, aber scheuen Sie sich auch nicht, Ihre Kritik mitzuteilen – sie hilft uns, ständig besser zu werden.

Bei Fragen zu einzelnen Materialien oder Techniken wenden Sie sich bitte an unseren Kreativservice, Frau Erika Noll.
mail@kreativ-service.info
Telefon 0 50 52 / 91 18 58

Das Produktmanagement erreichen Sie unter:
pm@frechverlag.de
oder:
frechverlag
Produktmanagement
Turbinenstraße 7
70499 Stuttgart
Telefon 07 11 / 8 30 86 68

LERNEN SIE UNS BESSER KENNEN! Fragen Sie Ihren Hobbyfach- oder Buchhändler nach unserem kostenlosen Magazin **Meine kreative Welt**. Darin entdecken Sie dreimal im Jahr die neuesten Kreativtrends und interessantesten Buchneuheiten.

Oder besuchen Sie uns im Internet! Unter **www.topp-kreativ.de** können Sie sich über unser umfangreiches Buchprogramm informieren, unsere Autoren kennenlernen sowie aktuelle Highlights und neue Kreativtechniken entdecken, kurz – die ganze Welt der Kreativität.

Kreativ immer up to date sind Sie mit unserem monatlichen **Newsletter**. Für aktuelle Infos, Gratis-Anleitungen und Gewinnspiele gleich anmelden unter **www.TOPP-kreativ.de/Newsletter**

IMPRESSUM

DER FREISCHALT-CODE FÜR DIE PLOTTERMOTIVE LAUTET: 14932
FOTOS: frechverlag GmbH, 70499 Stuttgart; Ilka Meis (Schrittfotos); lichtpunkt, Michael Ruder, Stuttgart (alle übrigen)
PRODUKTMANAGEMENT: Lisa-Marie Weigel
LEKTORAT: Beate Schmitz, Stegen
PLOTTERMOTIVE: Miriam Dornemann, Bad Grönenbach
GESTALTUNG: Petra Theilfarth
DRUCK: Finidr s.r.o., Tschechische Republik

2. Auflage 2022

ISBN 978-3-7724-6849-0 • Best.-Nr. 6849